ZOO ANIMAL FRIENDS
MES AMIS LES ANIMAUX DU ZOO

LIONS
LES LIONS

AMY CULLIFORD
Traduction par Annie Evearts

A Crabtree Roots Book

Un livre de la collection Les racines de Crabtree

Crabtree Publishing
crabtreebooks.com

School-to-Home Support for Caregivers and Teachers

This book helps children grow by letting them practice reading. Here are a few guiding questions to help the reader with building his or her comprehension skills. Possible answers appear here in red.

Before Reading:

- What do I think this book is about?
  - *I think this book is about lions.*
  - *I think this book is about lions in zoos.*
- What do I want to learn about this topic?
  - *I want to learn what lions like to do.*
  - *I want to learn what colors a lion can be.*

During Reading:

- I wonder why...
  - *I wonder why lions have claws.*
  - *I wonder why lions are different colors.*

What have I learned so far?
  - *I have learned that lions can be yellow, white, or brown.*
  - *I have learned that lions say, roar!*

After Reading:

- What details did I learn about this topic?
  - *I have learned that lions like to play.*
  - *I have learned that lions are big cats.*
- Read the book again and look for the vocabulary words.
  - *I see the word **cats** on page 4 and the word **claws** on page 9. The other vocabulary word is found on page 14.*

Soutien de l'école à la maison pour les parents, les gardiens et les enseignants

Ce livre aide les enfants à se développer grâce à la pratique de la lecture. Voici quelques exemples de questions pour aider le lecteur ou la lectrice à développer ses capacités de compréhension. Les suggestions de réponses sont indiquées en rouge.

Avant la lecture

- De quoi ce livre parle-t-il?
  - *Je pense que ce livre parle des lions.*
  - *Je pense que ce livre parle des lions dans les zoos.*
- Qu'est-ce que je veux apprendre sur ce sujet?
  - *Je veux apprendre ce que les lions aiment faire.*
  - *Je veux apprendre de quelles couleurs peuvent être les lions.*

Pendant la lecture

- Je me demande pourquoi...
  - *Je me demande pourquoi les lions ont des griffes.*
  - *Je me demande pourquoi les lions sont de différentes couleurs.*
- Qu'est-ce que j'ai appris jusqu'à présent?
  - *J'ai appris que les gorilles aiment jouer.*
  - *J'ai appris que les lions font grrr!*

Après la lecture

- Nomme quelques détails que tu as retenus.
  - *J'ai appris que les lions aiment jouer.*
  - *J'ai appris que les lions sont de gros chats.*

- Lis le livre à nouveau et cherche les mots de vocabulaire.
  - *Je vois le mot **chats** à la page 5 et le mot **griffes** à la page 9. L'autre mot de vocabulaire se trouve à la page 14.*

This is a **lion**.

Voici un **lion**.

Lions are big **cats**.

Les lions sont de gros **chats**.

Lions can be white, yellow, or brown.

Les lions peuvent être blancs, jaunes ou bruns.

All lions have **claws**.

Tous les lions ont des **griffes**.

All lions like to play.

Tous les lions aiment jouer.

All lions say, *roar*!
Tous les lions font *grrr*!

Word List

Sight Words

all
are
can
have
is
this
white

Liste de mots

Mots courants

blancs
ont
peuvent
sont
tous
voici

Words to Know
La boîte à mots

cats

chats

claws

griffes

lion

lion

28 Words

This is a **lion**.

Lions are big **cats**.

Lions can be white, yellow, or brown.

All lions have **claws**.

All lions like to play.

All lions say, *roar*!

33 mots

Voici un **lion**.

Les lions sont de gros **chats**.

Les lions peuvent être blancs, jaunes ou bruns.

Tous les lions ont des **griffes**.

Tous les lions aiment jouer.

Tous les lions font *grrr*!

ZOO ANIMAL FRIENDS
MES AMIS LES ANIMAUX DU ZOO

LIONS
LES LIONS

Written by/Autrice: Amy Culliford
Designed by/Conception: Rhea Wallace
Series Development/Développement des séries: James Earley
Proofreader/Correctrice: Janine Deschenes
Educational Consultant/Conseillère pédagogique: Marie Lemke M.Ed.

Photographs/Photographies:
Shutterstock: mojoeks: cover; Ricardo Reitmeye: p. 1; Rbizon: p. 3, 14; Seyms Brugger: p. 4-5, 14; englishinbsas: p. 7a; Catbell: p. 7b; Andy Elliott: p. 9, 14; Jmx Images: p. 11; Asaf Weizman: p. 13

Crabtree Publishing

crabtreebooks.com 800-387-7650

Published in Canada
Publié au Canada
Crabtree Publishing
616 Welland Ave.
St. Catharines, Ontario
L2M 5V6

Published in the United States
Publié aux États-Unis
Crabtree Publishing
347 Fifth Avenue,
Suite 1402-145
New York, NY, 10016

Paperback 978-1-0398-5097-2
Ebook (pdf) 978-1-0398-5139-9
Epub 978-1-0398-51818

Printed in Canada/122023/CP20231116

Library and Archives Canada Cataloguing in Publication
Available at the Library and Archives Canada

Library of Congress Cataloging-in-Publication Data
Available at the Library of Congress